Tod
bicicletas

Por Susan McCloskey

CELEBRATION PRESS
Pearson Learning Group

Contenido

Datos básicos sobre las bicicletas

¿Qué tiene dos ruedas, no necesita combustible y lo usan personas en todo el mundo? La respuesta es la bicicleta. Una bicicleta es una máquina con dos ruedas. Las personas montan bicicleta al sentarse en un asiento llamado **sillín** y empujan con los pies dos **pedales** que hacen girar las ruedas.

Las bicicletas se usan como **medio de transporte**, para el deporte y como simple diversión. Las bicicletas no hacen ruido y son limpias. No usan combustible, por lo que no contaminan el aire. La mayoría de las bicicletas no son caras y son más rápidas que el caminar.

Historia de las bicicletas

Montar una draisiana era mucho más rápido que caminar.

Las primeras bicicletas

En 1817, el Barón Karl von Drais de Alemania inventó una máquina de dos ruedas para ayudarlo a caminar más rápido. La máquina estaba hecha de madera. La persona se sentaba en el asiento y empujaba con los pies, como en una patineta. Esta máquina andante se conoció como la draisiana.

draisiana

El triciclo era más fácil de
conducir que el velocípedo.

velocípedo

En 1870 se creó el velocípedo. Estaba hecho de metal y tenía pedales sujetos a una gran rueda delantera. Este velocípedo fue una de las primeras máquinas que se llamaron bicicletas. La palabra bicicleta significa “dos ruedas”. Fue muy popular en Europa y Estados Unidos.

En los años 1800 las mujeres no podían montar velocípedo, porque sus largas faldas se enredaban en las ruedas. En los años 1880, el triciclo o máquina de tres ruedas, se popularizó entre las mujeres. Ellas podían sentarse entre las dos ruedas traseras y pedalear.

En 1885 se inventó la bicicleta Rover Safety. A diferencia del velocípedo, ambas ruedas de esta bicicleta eran aproximadamente del mismo tamaño. Esto hizo que la bicicleta fuera más **estable**. También estaba más cerca del suelo que el velocípedo. El **ciclista** empujaba los pedales para hacer girar una cadena que a la vez hacía girar la rueda trasera.

bicicleta Rover Safety

El **cuadro** de la bicicleta Rover Safety tenía forma de diamante. Es la parte principal de la bicicleta. Todas las otras partes están sujetas al cuadro. El cuadro de la mayoría de las bicicletas modernas tiene la misma forma que la Rover.

Fechas importantes en la historia de las bicicletas

1817
Draisiana

1861
Bicicleta con pedales al frente

1870
Velocípedo

En 1888, el Dr. John Dunlop hizo una rueda de caucho llena de aire. Esta rueda más suave hizo más cómodo el montar en bicicleta. Anteriormente, las ruedas eran de caucho macizo. Despues, en la década de 1890, se inventaron las primeras bicicletas con sistemas de cambio de velocidades. Las personas podían pedalear más fácil y rápidamente cuesta arriba con los cambios.

Nunca antes tantas personas habían montado bicicletas. A medida que su uso se hacía más popular, las bicicletas costaban menos. Tanto hombres como mujeres las usaban como medio de transporte y para diversión.

Ropa de ciclista en los años 1800

A finales de los años 1800, la moda de las bicicletas cambió el estilo de vestir de las mujeres. Ellas comenzaron a usar bombachos, un tipo de pantalones interiores cortos que cerraban en la rodilla. Así las mujeres con faldas largas podían montar bicicletas Rover Safety sin travesaño.

Años 1880
Se populariza el triciclo

1885
Bicicleta Rover Safety

La bicicleta en los años 1900

La venta de bicicletas bajó entre 1914 y 1918, durante la Primera Guerra Mundial. Después de la guerra los fabricantes de bicicletas quisieron aumentar las ventas y comenzaron a fabricar bicicletas para niños. Éstas eran más pequeñas que las bicicletas para adultos. Algunas también semejaban autos o motocicletas para llamar la atención de los niños.

Este anuncio de los años 1920 muestra algunas de las primeras bicicletas para niños.

Fechas importantes en la historia de las bicicletas

Años 1890
Cuadro de bicicleta para mujeres

Años 1890
Bicicletas para varias personas

Años 1920
Se popularizan las bicicletas para niños

Las bicicletas Moulton se hicieron populares a principios de los años 1960.

La bicicleta no cambió mucho entre 1920 y el comienzo de los años 1960. Entonces, en 1962 se introdujo la bicicleta Moulton. El cuadro Moulton era distinto del tradicional en forma de diamante y tenía además neumáticos muy pequeños y duros. Estos neumáticos ayudaban a que la bicicleta fuera muy rápido.

1962
Bicicleta Moulton

Años 1970
Se populariza la bicicleta de montaña

Años 1980
Se populariza la bicicleta plegable

Bicicletas modernas

Las bicicletas actuales son más rápidas, seguras y cómodas que las de hace mucho tiempo. Para fabricarlas se usan materiales y tecnología nuevos. Se hacen bicicletas para atender muchas necesidades, incluso algunas bicicletas se pueden doblar y llevar consigo.

Bicicleta de montaña

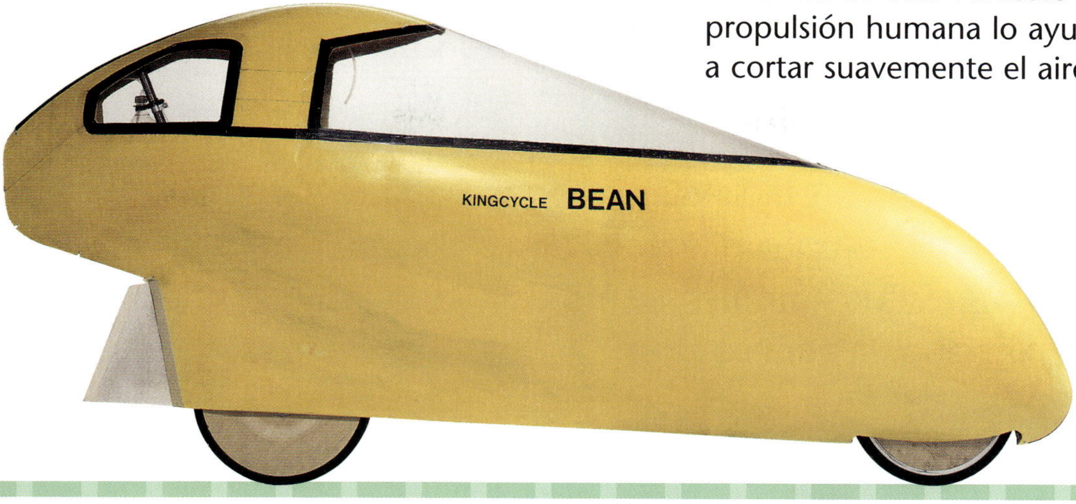

La forma de este vehículo de propulsión humana lo ayuda a cortar suavemente el aire.

Las bicicletas del mañana

¿Cómo será las bicicletas del futuro? Probablemente se fabriquen con materiales aún más ligeros que las actuales. Quizá parezcan pequeños autos de dos ruedas.

En la actualidad se trabaja en la creación de vehículos de propulsión humana (VPH) de dos y tres ruedas. En el Kingcycle Bean de dos ruedas, el ciclista pedalea sentado en una posición reclinada. La forma de la cubierta exterior rígida ayuda al ciclista a cortar suavemente el aire.

Esta es la vista de frente del Kingcycle Bean.

Usos de las bicicletas

La gente usa bicicletas de muchas maneras. Algunas personas usan las bicicletas como transporte. Otras las emplean en su trabajo. Para algunos atletas el ciclismo es su profesión. También se utilizan las bicicletas para el ejercicio y la **recreación**.

Un taxi trishaw es común en Vietnam, un país de Asia.

En los años 1940, este agente de la policía británica usaba una bicicleta para patrullar.

Bicicletas para trabajar

Desde la invención de la bicicleta, la gente la ha usado para trabajar. A principios de los años 1990, los carteros la utilizaban para repartir el correo. Los agentes de policía la usaban para desplazarse. Las personas que necesitaban transportar cargas pesadas llevaban carritos tirados por bicicletas. La gente también usaba la bicicleta para ir al trabajo.

En la actualidad, la gente aún usa las bicicletas para trabajar. En algunas ciudades, los agentes de policía todavía montan bicicleta. Los vendedores de comida usan carritos tirados por bicicletas para acarrear sus cosas y los empleados las montan para ir a sus oficinas.

Los mensajeros usan las bicicletas para repartir cartas y paquetes.

Bicicletas para divertirse

A muchas personas les gusta montar bicicleta para divertirse. Familias y grupos grandes disfrutan salir a montar bicicleta juntos. Los clubes de ciclismo son populares en muchas partes. Hay grupos de ciclistas que planean viajes y excursiones a campo traviesa. Algunas personas disfrutan explorando zonas nuevas en bicicleta.

Montar bicicleta es también una buena manera de mantenerse saludable y en forma. Las bicicletas fijas se diseñan especialmente para uso en interiores. Ellas permiten pedalear sin moverse del lugar.

Más de 120 ciclistas compiten cada año en la Vuelta a Francia.

Bicicletas para competir

A algunos ciclistas les gusta participar en competencias de ciclismo. La carrera de ciclismo más famosa del mundo es la Vuelta a Francia. Esta carrera cubre 2,200 millas y dura alrededor de tres semanas. Los ciclistas pasan por montañas escarpadas y caminos peligrosos. El ganador tiene que esforzarse mucho para ganar el dinero del premio.

Eventos de ciclismo

Las competencias de ciclismo son comunes en todo el mundo. Por ejemplo, son muy populares las de carreras cuesta abajo y los concursos BMX.

Bicicletas especiales

Se fabrican bicicletas para todo tipo de usos. Están hechas para correr sobre todo tipo de superficies. Algunas bicicletas son para hacer acrobacias. Otras pueden llevar a más de un ciclista.

Bicicletas de montaña

Una bicicleta de montaña es una buena opción para montar fuera de las carreteras. Su fuerte cuadro es fácil de balancear y frena con rapidez. Los neumáticos anchos le dan al ciclista más estabilidad sobre los obstáculos y tienen por lo general surcos más profundos en las **bandas de rodamiento** para afirmarse en los senderos irregulares.

Este ciclista monta una bicicleta de montaña en una colina nevosa.

La bicicleta especial de este niño está unida a una bicicleta para adultos.

Bicicletas para múltiples ciclistas

Algunas bicicletas están hechas de forma que los ciclistas puedan disfrutar de montar juntos. Una bicicleta construida para dos se llama **tándem**. El ciclista del frente conduce y ambos pedalean.

También existen bicicletas especiales que se pueden añadir a otras bicicletas. Estos tipos de bicicletas o triciclos le permiten al ciclista del frente jalar a uno o más ciclistas. Son una buena opción para que ciclistas nuevos o muy pequeños puedan montar junto a los mayores.

Bicicletas reclinadas

Una bicicleta reclinada puede tener dos o tres ruedas. El ciclista se sienta en un sillín en forma de silla y pedalea con las piernas extendidas al frente. Esta posición hace más cómodo el montar. Los ciclistas usan con frecuencia bicicletas reclinadas para distancias largas. Son más rápidas que la mayoría de las bicicletas de carretera y también son más fáciles de conducir y frenar.

Esta bicicleta reclinada tiene tres ruedas y un sistema conductor por encima del asiento.

La rueda trasera en forma de disco de esta bicicleta de carrera la ayuda a correr más rápido.

Bicicletas de carrera

Las bicicletas de carrera son livianas y veloces. La forma del cuadro permite cortar el aire con facilidad. Las ruedas estrechas se mueven suavemente sobre el suelo y a través del aire. La forma especial de los manubrios permite al ciclista tomar velocidad en una posición agachada. Las bicicletas de carrera corren mejor en carreteras y pistas lisas.

Las bicicletas resuelven problemas

Muchas personas se preocupan por la suciedad del aire o la contaminación ambiental y también porque se acaban las reservas de petróleo de la Tierra para producir gasolina. Éste es el combustible que usa la mayoría de los vehículos. Se preocupan también por la cantidad del tráfico en muchas ciudades. Las bicicletas pueden resolver algunos de estos problemas.

La educación vial enseña a los jóvenes ciclistas a montar bicicleta de forma segura.

Muchos líderes del gobierno animan a la gente a montar bicicleta más a menudo. En muchas ciudades se pide a la gente que use bicicletas en lugar de autos para viajes cortos. Muchas ciudades han añadido caminos y estacionamientos para bicicletas con el objeto de hacer más fácil y seguro montarlas.

También se dan clases para montar bicicleta tanto para niños como para adultos. Aprender las reglas de la carretera y practicar destrezas correctas de ciclismo ayuda a las personas a ser ciclistas más seguros e inteligentes.

Saber montar bicicleta

En los Países Bajos, las bicicletas son tan populares que los ciclistas tienen sus propios semáforos.

Pare...

Prepárese...

Adelante, si es seguro.

En algunos países se anima a las personas a que viajen de ida y vuelta al trabajo en bicicleta. En Japón, alrededor de 3 millones de **viajeros** van todos los días en bicicleta a las estaciones de trenes y viajan en tren el resto del camino a su trabajo. Esto ayuda en las ciudades demasiado pobladas, donde no hay suficiente espacio para estacionamientos de autos.

En la actualidad, la bicicleta es el transporte personal favorito en todo el mundo. Hay más de 800 millones de bicicletas en la Tierra. No sabemos cuántas personas más montarán bicicletas en el futuro o qué aspecto tendrán las bicicletas del mañana.

Japón resuelve el problema de estacionar las bicicletas con estacionamientos para ellas.

Glosario

banda de rodamiento capa exterior con surcos de los neumáticos para mejor agarre en terreno irregular

ciclista persona que monta bicicleta

cuadro pieza principal de la bicicleta que sujeta el resto de las partes

estable que no se cae o rompe con facilidad; firme y equilibrado

medio de transporte manera en que la gente se traslada de un lugar a otro

pedales partes de la bicicleta que el ciclista empuja para hacerla avanzar

recreación actividades que la gente disfruta en su tiempo libre

sillín asiento de la bicicleta

tándem bicicleta con dos asientos y dos pares de pedales colocados uno detrás del otro

viajeros personas que viajan y regresan del trabajo

Índice